2

EL CORREDOR DE SEGUROS

No es tan aburrido como parece…

CONTENIDO

Dedicatoria…

Siempre la familia ocupa la mayor parte de las actividades de nuestras vidas.

Por y para ella trabajamos siempre, y en mi caso muy particular, me he sentido muy orgulloso de hacerlo.

El hombre termina siendo el compendio de sus experiencias, y sólo lamentamos la imposibilidad de regresar en el tiempo para evitar errores importantes y, por qué no, para recrear momentos compartidos que sólo atesoramos en la memoria y en memoria de muchos de los que ya no están, pero que dejaron huella indeleble en lo que somos hoy.

Otra familia merece ser mencionada en estas breves páginas como homenajeada importante: los Corredores de Seguros de todo el mundo. Los conocidos y los que no lo son.

A todos ellos, vaya mi saludo y reconocimiento al desempeño diario y por hacer un poco más fácil y llevadera la vida de sus asegurados.

Es mi pequeño reconocimiento a quienes he admirado y cuyos pasos en este trabajo he tratado de seguir.

A todos, mil gracias por ser parte de mi vida

L.E.S

Presentación

No se trata de un manual para Corredores de Seguros que se inician en la profesión, y mucho menos una guía para aquellos que ya están establecidos.

Se trata de una breve recopilación de impresiones que llegaron a mi día a día, desde que decidí buscar el sustento propio y de mi familia en esta noble actividad del Corretaje de Seguros.

No todas las carreras son iguales; no todas las personas se parecen y no todas las impresiones relacionadas con un mismo quehacer tienen necesariamente que seguir un patrón.

No obstante, estoy plenamente convencido de que muchas de las cosas que aquí describo, despertarán recuerdos que estaban dormidos, o más bien guardados en la memoria de muchos y que hoy salen a flote en solidaridad conmigo.

Les invito a ver, brevemente, quizás en menos de una hora, lo que a mi juicio debe prevalecer en la conducta y manejo de un buen Corredor de Seguros... en cualquier parte del mundo.

Antes de todo…

La actividad aseguradora, como la gran mayoría de las que conviven en el universo de los negocios a nivel global, tiene su particular carácter de "regionalización". De allí que, hablar de un proceso común que rija el rubro, sería francamente exagerado.

Obviamente, existen muchas coincidencias ineludibles en los principios mundiales del ramo, pero aún así, el carácter particularizado de cada pueblo termina por definir condiciones y coberturas.

Venezuela no escapa de esa segmentación y, como todos, mantiene su peculiar manera de suscribir y percibir la realidad cotidiana.

Ya son varios años, nunca muchos. También muchos reclamos y curiosas formas de resolverlos. Muchos amigos ganados en el trayecto y si, uno que otro "disgustado extremo", por no llamarlo enemigo.

Y es que, cuando en Venezuela se hablaba de un *Corredor de Seguros*, no era una imagen de estabilidad y éxito la que afloraba de manera inmediata.

Si no conseguías algún trabajo fijo en empresas de renombre o el dinero que se ganaba no resultaba suficiente, la "Carrera" de la producción de seguros, era una alternativa inmediata que podías abrazar, "mientras aparecía algo mejor".

Así, las empresas aseguradoras del país se llenaron de "Códigos abiertos" que terminaban siendo más un gasto que un beneficio.

No obstante, con el paso de los años, las cosas recibidas en el transitar diario por esta pintoresca senda de las pólizas, nos ha llevado a ubicar la profesión entre una de las menos aburridas y más retributivas del orbe.

Y no nos referimos meramente a la compensación monetaria que, en ocasiones, tiende a ser generosa.

Hablamos del constante y perenne aprendizaje al que estamos expuestos y que debemos honrar para lograr la satisfacción de nuestros clientes.

Al fin y al cabo, los Corredores somos como el médico de cabecera o el sacerdote confesor de confianza.

Viendo en retrospectiva lo que ha sido este tiempo entre emisiones de pólizas, rechazos de reclamaciones, cheques devueltos, viajes ganados y disfrutados al máximo, recibos anulados, gente contenta al recibir una respuesta eficiente y otros tantos amargados ante la no procedencia de una compensación, debemos decir que sí. Que sí fue acertada la decisión de tomar este camino en contra de todos los que nos alertaron de que un salario de "quince y último" era la norma y la situación ideal de vida para afrontar el futuro.

Nunca llegamos a sentirnos tan confortados de no haber hecho caso y de no renunciar jamás a la esperanza de que el gran negocio llegaría algún día.

Hoy, después de tantas cosas, resulta divertido manejar una vida sin horario, aunque la angustia venga de otra parte. Resulta grato disponer de cualquier día para cortarnos el pelo y aún más, poder mandar al carajo a todo el que pretenda violentar nuestra sagrada tranquilidad con propuestas inviables.

Es bueno ser Corredor de Seguros, en un país que amerita de nuestros servicios y, sobre todo, de nuestros productos.

¿Cómo fracasar entonces?...

Aclarando el perfil del Corredor de Seguros

Son muchas las publicaciones especializadas en apuntar características necesarias para una profesión u otra.

Un manual que llegó a nuestras manos, indicaba que, para ser una persona dedicada a la producción de seguros, tendría que contar al menos con: "una buena dosis de inteligencia, paciencia, dominio de la escena, buena presencia, conocimientos del ramo y capacidad para escuchar…".

No imaginamos esas características fuera del marco de requisitos para "cualquier trabajo". ¿Cómo alguien sin inteligencia, impaciente y desconocedor de su actividad, podría tener éxito?

No existen características claras para ser un Corredor de Seguros aventajado.

Quizás el principal atributo estaría relacionado con el deseo de superación y con el espíritu emprendedor que tiende a no ver obstáculos.

Con eso en el bolsillo, se pueden superar todas las barreras posibles para cerrar un negocio importante.

Por ninguna parte se habla de la intuición y la habilidad para llegar a un eventual cliente, ni del ingenio para responder con solvencia una pregunta capciosa típica de una entrevista.

Cuando iniciamos el camino de preparación en el mundo asegurador, la "clase" constaba de un buen número de participantes. De aquellos que recibimos la autorización para operar en el espectro de las pólizas, unos pocos, muy pocos, aún se dedican a la actividad.

Recordamos grandes proezas académicas de algunos compañeros en las diferentes evaluaciones propuestas y amargos problemas de algunos para asimilar tanta información.

No obstante, ese espíritu emprendedor y decidido que mencionamos anteriormente, hizo de unos cuantos, dignos representantes de la carrera.

Por ninguna parte aparece la valentía como elemento clave a la hora de afrontar los senderos espinosos de una negociación.

Un buen Corredor de Seguros, jamás rehúye el combate. Como los buenos boxeadores, ataca por donde le permiten y se aleja cuando aparece el contragolpe. Se adapta, se mimetiza y estudia el entorno para asestar el definitivo golpe que le permita salir airoso en el compromiso.

Un buen Corredor de Seguros, está, por sobre todas las cosas, consciente de que si él no hace la venta, otro con más agresividad si la hará.

Mientras más se navega en el mar de la producción, se entiende mejor al cliente.

El gran Corredor de Seguros, es, políticamente habilidoso y "asertivamente sordo". La palabra "No", es casi una ofensa y se tendrá que hacer hasta lo imposible por descifrar la verdadera necesidad de nuestro interlocutor.

Si estamos ante él, en su oficina, es por algo y con algo debemos salir de allí, aunque ese "algo" no implique el negocio que nos llevó a su escritorio.

Pero, como el arte de ser sabueso y atrevido a la hora de abordar al cliente debe rondar el ambiente, esa misma malicia debe aparecer para determinar si en verdad esa es la persona indicada para decidir. Si esa persona en realidad está interesada en nuestros servicios y si, al fin y al cabo, las buenas vibraciones facilitarán la relación de negocios.

Muchas veces resulta "intragable" un eventual asegurado y los problemas se sienten en el aire, aún sin cerrar el negocio.

Como debe ser impetuoso y seguro en su presentación, debe ser igualmente cauto para percibir que el camino no llevará la reunión a la tierra prometida.

Incluso ante la negativa, debe salir "ganador" del lugar, porque en su mente debe estar insertado el precepto universal de que "No todas se pueden ganar".

¿Mucho pedir para una sola persona?... Definitivamente no, porque todo aquel que decida ir sin frenos por la gran bajada de las asesorías y las ventas, claramente tendrá presente que, para ganar hay que atreverse, pero, como en la guerra, para ser triunfadores hay que llevar y emplear las armas correctas.

En Venezuela, resultaría en un inmenso anecdotario, el cúmulo de vivencias de tantos Corredores de Seguros que han pasado por los diversos espacios del ramo.

¿Cuántos clientes incómodos se habrán topado en sus caminos? o ¿Cuántas respuestas a preguntas malintencionadas se habrán materializado? Eso es imposible incluirlo en alguna estadística. Pero es la inteligencia de los buenos lo que las han hecho efectivas y las han transformado en ingresos.

Por supuesto: intuición, valentía, conocimiento y el no conocer limitaciones ha hecho de simples vendedores unos eficientes asesores en materia de seguros.

Y al hablar del no conocer límites, nos referimos por igual a personas discapacitadas que han logrado mucho en este campo laboral, en el que la invidencia, mudez o incapacidad permanente por accidentes, no ha servido de excusa para el fracaso.

Y es eso lo que nos obliga a describir al Corredor como un ser especial que, en esencia, busca su propio bienestar a través del bienestar de sus clientes.

¿Los malos?... siempre están presentes en todos los quehaceres de la cotidianidad. Como en las películas, son generalmente mentes brillantes que utilizan sus dones para tergiversar y torcer los caminos regulares para su único y particular beneficio. Pero, como en la gran pantalla, Igualmente sucumben al facilismo y al descuido, lo que termina por sacarlos de circulación. El mercado venezolano de los seguros, es particularmente pequeño y casi todo el mundo se conoce. Los tramposos están siempre ubicados y es improbable que con sus antecedentes, logren desarrollar una carrera exitosa. Algunos se salen con la suya, pero no todos.

De cada 20 visitas que se hacen, 2 suelen ser positivas y terminan en un negocio positivo, y las 18 que no lo son en ese momento, en algún otro lo serán, siempre y cuando la impresión haya sido buena.

De allí que la constancia sea otro de los principales argumentos a exhibir en la personalidad de los que pretenden entrar al ruedo.

Y esa constancia normalmente golpea. Especialmente al principio, cuando no logramos concretar y por ende, no podemos cobrar nuestra comisión, objetivo primordial del desempeño.

Alguien nos dijo en una oportunidad que el seguro era "una carrera de resistencia y no de velocidad". Que "los negocios llegaban en su momento y que la cadena de referidos iba realmente a funcionar con el paso de los años". Y sencillamente, es así.

Una vez comentamos a un veterano del negocio el hecho de que resultaba muy fácil producir dinero cuando, sentado en la oficina, se recibían las llamadas para asegurar bienes, aparentemente sin esfuerzo.

"Para llegar a ese nivel, debes sufrir mucho. Debes patear la calle y recibir portazos en las narices con frecuencia. Quienes no nacimos ricos y tuvimos que formarnos a fuerza de calle y ventas en frío, a veces no teníamos para comer y aún así, siempre creímos que los tiempos mejorarían. Ahora parece fácil, pero cada vez que recuerdo lo mal que la pasamos al inicio, nada se ve color de rosa..."

Una gran respuesta de quien tenía años trabajando y produciendo, y una importante lección para quienes no entendíamos que esa "tranquilidad" era el fruto de mucho esfuerzo.

Resistencia, pasión, fortaleza mental y buen humor: eso no aparece en los manuales entre los requisitos para ser Corredor de Seguros.

También recordamos a nuestros instructores del comienzo. "Aquí pueden ser ricos, si trabajan mucho. Y en un mercado como el venezolano donde las estadísticas favorecen a los emprendedores, y la sociedad consume cada día más bienes y servicios, los productores pueden sacar una buena parte de la tajada del mercado". Así comenzó alguno, que siguió explicando: "Al comienzo, la cosa es dura, pero no tanto si tienen paciencia. El promedio es vender al menos una póliza de automóvil a la semana y una de hospitalización cada quince días. Así, mientras van aprendiendo el oficio, van construyendo una cartera que les permitirá ganar en poco tiempo más dinero que el venezolano común..."

Y seguía sacando cuentas fantasiosas, con el único objetivo de motivarnos e impulsarnos a llegar a esas "cifras promedio" que en la época dejaban boquiabiertos a todos los que estábamos francamente con los bolsillos en ruinas.

Tiempo después, dos de esos instructores lamentablemente fueron despedidos y asumieron que ya tenían experiencia suficiente para dedicarse a la producción. ¿El resultado?, sólo tres meses de experimento, porque las cifras promedio no aparecían y jamás será lo mismo estar sentado esperando que otro traiga la póliza junto con el cheque, que salir a la calle a buscarlo.

No señor, no es fácil ser Corredor de Seguros. Es una exigente carrera contra el tiempo y la necesidad de concluir exitosamente un planteamiento de negocios específico.

Todo tiene su momento, y, como las vacaciones, los negocios también hay que tomarlos cuando toquen, porque si no, se pierden irremediablemente.

Si nos preguntan, además de todas las condiciones detalladas en este capítulo, cual otra debería persistir en la memoria y forma de ser de cualquier elemento aspirante a producir seguros, una resaltaría por encima de todas: Definitivamente, no se puede ser pendejo...

Si usted tiene vocación de pendejo, busque otra manera de ganarse la vida, porque aquí, en esta jungla de estadísticas, tasas y coberturas, se lo van a comer vivo...

Véndete a ti mismo.

Cuántas veces hemos estado en una sala de espera, aguardando por la atención de un potencial cliente, y con asombro apreciamos que otra persona, a la que vimos llegar después que nosotros, recibe el beneficio de ser recibida antes de aquellos que llegamos primero?.

La primera reacción, generalmente, está orientada al reclamo y a la llamada de atención al cuerpo secretarial responsable del "proceso selectivo" que degeneró en "incómoda discriminación" hacia nosotros.

En el campo de la "justicia horaria", el reclamo, indudablemente, tendría clara justificación. No obstante, ¿en algún momento nos hemos puesto a pensar en las razones que motivaron la decisión de los empleados de la recepción?. Lamentablemente, ese punto jamás lo tocamos y mayoritariamente cede ante el impulso de exigir respeto a nuestro tiempo.

¿Qué vio la secretaria del señor con quien deseamos entrevistarnos? ¿Por qué fue otro, y no yo, el que pudo acceder a la entrevista, a pesar de llegar más tarde?...

Preguntas como ésta pudieran aparecer, y en un gran número. Lo espinoso radica en encontrar las respuestas apropiadas que actúen efectivamente y se conviertan en el parámetro definitivo que revierta ese tipo de acciones.

Mucho se ha escrito, hablado, filosofado y analizado en relación al aspecto personal como arma de venta. Algunos piensan que es un hecho superfluo que jamás debe privar sobre la verdadera cualidad de un profesional: el conocimiento y preparación en su área.

Otros, radicalmente opuestos, se decantan por el buen traje y caros accesorios como vía expedita de acceso al éxito.

Claramente, la posición intermedia salta a la vista como la más adecuada para integrar estos dos aspectos, importantes sin dudas, que deberían marcar la personalidad de un experto en ventas de cualquier naturaleza.

Hay que aclarar algo, en primer término: un Corredor de Seguros, vende "promesas", y desde esa perspectiva, la concreción de negocios requiere de una dosis especial de elementos que respalden, de cualquier modo, la real posibilidad de que esas "promesas" puedan ser cumplidas.

Un Corredor de Seguros, promete la idónea adecuación de un producto, tomando como base las necesidades reales de su cliente. Un Corredor de Seguros, promete diligenciar para que el costo-beneficio de una póliza, sea un hecho claro y comprobable. Un Corredor de Seguros, promete hacer seguimiento al proceso de emisión, financiamiento y posterior pago de una póliza. Un Corredor de Seguros, promete y somete a la orden de su cliente, todo el conocimiento del que se disponga para que el proceso de siniestros llegue a feliz término, sin traumas ni molestias extremas para quien confió en sus servicios.

Sólo cuando se cumpla ese ciclo satisfactoriamente, será reconocido como quien cumplió con su compromiso y difícilmente, en el futuro, ese cliente busque los servicios de otro profesional del ramo. Sin embargo, antes de que esto pase, siempre será el depositario de la confianza de quien quiso proteger su patrimonio, y más nada.

Y desde esa óptica, hay que afincarse para que en realidad nos veamos como las personas capaces de manejar en detalle el ciclo anual de una póliza y en consecuencia, poder convertirnos en el garante de que las "promesas" hechas, si se van a cumplir.

Normalmente, las sumas expuestas a riesgo, tienden a ser elevadas, aun en seguros de corte individual.

¿Si me visita alguien mal vestido y con evidentes rasgos de falta de higiene personal, tendrá la primera opción de ser mi Corredor de Seguros?. Esa, y no si estará preparado o será un genio en materia aseguradora, será la pregunta que vendrá a la cabeza del potencial cliente. Y, amigos lectores, créanlo, porque sencillamente, es una verdad tan grande como un templo.

Si alguien no muestra la más mínima preocupación por algo tan elemental como cuidar de sí mismo desde el punto de vista exterior, duro será convencer a los demás de que somos capaces de cuidar algo tan delicado, detallado, meticuloso e importante como el patrimonio de una persona o de una empresa.

Son muchas las cosas que se pasean por la mente de quienes nos ven. Las impresiones variarán de acuerdo al manejo de la reunión inicial y a las posteriores entrevistas relacionadas con el tratamiento del negocio. No obstante, hay que tener en cuenta que "jamás se tendrá la oportunidad de mostrar una segunda primera impresión…". Y ese, es otro punto que no admite discusión.

Para llegar al segundo paso, de cualquier naturaleza en la vida, hay que, sencilla y básicamente, dar el primero.

En la construcción de una relación Corredor-Cliente, el primer paso es aprobar el tamiz crítico de nuestro potencial asegurado. Si no logramos interesarlo en nuestra propia persona, el nivel siguiente, cuando necesitamos desarrollar nuestro proceso de venta, se presentará difícil de acceder.

Uno de los puentes más beneficiosos y expeditos hacia nuestros clientes, guarda una relación muy estrecha con la necesidad de "agradarle a quienes nos van a contratar". En la medida en que podamos convertirnos en personas que motiven reuniones espontáneas y agradables para un potencial asegurado, el camino será menos espinoso y la posibilidad de cerrar un negocio, se incrementará.

Es tan sencillo como el hecho de que la gente "se junta y trata con quien le gusta". Nunca se debe olvidar que una relación de Corredor-Póliza-Cliente, dura, al menos, un año y eso, en ocasiones, pudiera ser una tortura laboral si las partes se repelen una a la otra.

Muchos estudios han dado como resultado claro y palpable la percepción que los "asegurables" tienen de los Corredores, aun antes de cerrar un negocio.

Y no pocos afirman que, el negocio se cierra o no desde mucho antes de que el Corredor llegue a pronunciar su primera palabra.

El potencial cliente ve, intuye y determina si su "asesor" cuenta con las herramientas básicas e iniciales para "agradar" a cualquier interlocutor. Una vez aprobado ese inicial paso, muy probablemente se hayan tendido igualmente las bases para desarrollar la estructura de negocios.

Cuando hablamos de "venderte a ti mismo", no asomamos ni de lejos la venta de la integridad, la seriedad y la rectitud que debe normar los pasos en el mundo del seguro.

Nos referimos a una venta muy especial, donde la intención primaria radica en "hacer enamorar" al eventual asegurado de nuestras habilidades, de nuestra preparación y de nuestro éxito.

Si..., de nuestro éxito. Esa herramienta, tan difícil de conseguir y que actúa de forma milagrosa. Es una cualidad adictiva que seduce, apasiona y clama por el contagio. Todos quieren estar cerca del éxito, la solvencia y la maravilla de la eficiencia.

Es un atributo fantástico que ubica a quienes lo tienen, en una envidiable posición para hacer buenos negocios.

Es un asunto "reputacional" que prácticamente no admite máculas. Es el grato perfume que todos quisieran usar y el escenario perfecto para desenvolverse.

Si transmito, como Corredor de Seguros, conocimiento de la materia, dominio del "teatro de la negociación", seguridad, pulcritud de expresión y de presencia, créanme estimados lectores, que un alto porcentaje del camino hacia la concreción del evento asegurador estará allanado.

De allí que, para lograr esas características que nos posicionen como "elementos exitosos", debamos exhibir en nuestro palmarés un buen número de condiciones que reafirmen esa percepción que deseamos proyectar.

Por eso, como mencionamos hace algunas líneas, no basta el traje y los accesorios si no vienen de la mano del conocimiento y la preparación.

Al vender "sin hablar", le abrimos la puerta a la solidez de los tratos por efectuar. Será más fácil que nuestros argumentos lleguen, sencillamente porque contamos con un oyente cautivado.

Son muchas las campañas publicitarias orientadas hacia el mejoramiento de la apariencia personal. No es para nadie un secreto que aquellos que visten y actúan con elegancia y seguridad en si mismos, generalmente obtienen los mejores resultados.

¿Está tan equivocado el mundo de los comerciales, vallas y anuncios en esta materia, y desde hace tantos años...?. Honestamente, no creo que estén caminando por la calle errada, aunque hay que reconocer que en algunos niveles se ha manifestado una clara tendencia a la exageración. No obstante, esas pretensiones anormales de la industria son identificables y hasta desechadas por los mismos receptores del mensaje.

En este apartado, tampoco nos referimos ni mucho menos pretendemos encauzar a la gente por el complicado y a veces inaccesible túnel de las marcas caras como única manera de lucir presentables. Una prenda costosa, no necesariamente es un elemento elegante como tampoco implica la garantía de que con solo usarla, se cambiará radical y positivamente la impresión que vayamos a generar en nuestros relacionados de trabajo.

Se habla de la "venta de uno mismo" como suma de higiene, buena presentación y sentido de adecuación de la vestimenta y conocimiento y preparación como estandarte a la hora de plantear nuestra intenciones de captar gente para nuestras carteras de clientes.

Muchos afirman que "el hábito no hace al monje", y en muchas situaciones de la vida, es un punto de vital importancia. Solo que, desde que nos manejamos por esta senda de las aseguradoras, jamás he logrado ver a un monje, con hábitos incluidos, tratando de vender una póliza...

Construyendo la Cartera de Clientes

Muchos obtenemos un "Código Administrativo" (figura que permite, o lo hacía en una época, trabajar como Productor Exclusivo durante algún tiempo, mientras se procesaba el Código Definitivo como intermediario para una sola empresa), y ese es el primer paso para adentrarse en el universo de las pólizas.

Arrancamos con cierta timidez y "molestamos" constantemente al Coordinador del grupo al cual pertenecemos.

Por instantes lucimos torpes e incapaces de ejecutar la asesoría y eso nos hace pensar en lo rudo de la profesión y en lo angustiante que se presenta un futuro como asegurador.

Llegamos a la empresa de seguros y nos topamos con carteleras que informan lo que acontece en el "entorno íntimo" de la firma: eventos deportivos, metas trimestrales para obtener bonos, fotos de fiestas recientes, alertas que llaman la atención sobre el destino de la Gran Convención de ese año y lo más frustrante del momento: el listado de Productores destacados, en el cual no aparecemos...

Para la gran mayoría, afortunadamente, ese listado, lejos de significar un obstáculo, se presentaba como un objetivo a alcanzar. Estar en esa "élite" implicaría en buena medida el ingreso al camino del éxito, y eso es precisamente lo que se busca en cualquier oficio: ser uno de los mejores.

Cuando estamos en la fase preparatoria o de inducción, son muchos consejos, trucos, artimañas artilugios, etc., que nos brindan para motivarnos a seguir adelante. En ese momento, todo luce tan lógico que llega a parecer un simple trámite que, de cumplirlo al pie de la letra, automáticamente pondrá clientes en nuestras manos casi por arte de magia.

No señor. Como en cualquier actividad laboral de los humanos, nada, en condiciones normales, se nos regala de un día para otro.

Quienes no venimos de ricas familias, con negocios funcionando y necesidad de pólizas al instante, tenemos siempre que apelar al concepto más elemental de la captación de clientes, típico en las operaciones de venta de productos: hacer uso de nuestras habilidades y comenzar a fabricar la célebre "Cadena de referidos".

En el marco familiar, generalmente y con muchos recelos, aparece la primera póliza. El padre, la madre o un primo, por ejemplo, se atreve a confiar en nosotros y nos da el gran chance de emitir un seguro.

Un gran paso, sin duda. Sobre todo porque ese familiar sabe que no contamos con la experiencia necesaria en el ramo para respaldar su necesidad, pero allí, sin saberlo, hacemos gala de lo que será uno de los grandes aliados en nuestra carrera: el verbo y la persistencia.

¿Cómo convencimos al primo, al padre o la madre?, quien sabe. Lo importante radica en el hecho simple de que en realidad lo hicimos y cumplimos con los pasos básicos y elementales del Corredor de Seguros: proponer, explicar, convencer y concretar.

Esos cuatro puntos, serán los eternos acompañantes en la travesía aseguradora de nuestras vidas.

Una vez roto el hielo y contentos por haber "activado" nuestro nombre en el sistema de liquidación de comisiones de la empresa, el gusanillo de la venta se hace cada vez más notable y el temor escénico desaparece para dar paso al gran negociante, dispuesto a "comerse el mundo" las 24 horas del día, los 365 días del año.

¿Todo eso pasa con vender sólo una póliza?. En la mayoría de los casos, es así.

La frustración de no concretar un negocio, nos pone de mal humor y atenta contra nuestras convicciones profesionales para la venta. Se intenta y se intenta, y al no tener una respuesta positiva, la angustia se muestra como un peligroso enemigo. Antagonista que sólo puede ser aniquilado de inmediato, con sólo cerrar un negocio, por muy pequeño que este sea.

Esa primera póliza, propicia la creación de una carpeta; la elaboración de un listado por mes y el compromiso de atender durante un año, al menos, al nuevo asegurado.

La labor organizativa, per se, conlleva al hecho psicológico de ponernos en perspectiva para "llenar" esos listados mensuales con números de póliza, ramo, fecha de vencimiento, monto de prima y la mejor parte: la cantidad de dinero que se devengará como comisión.

Entonces, cada reunión en casa o fuera de esta, implicará sacar a flote el tema de los seguros, para mostrar nuestros conocimientos en la materia y ofrecer nuestros servicios.

Es la etapa de la imprudencia. En muchos casos no medimos la naturaleza del lugar y no tenemos el más mínimo empacho en forzar un planteamiento a gente que sencillamente desea disfrutar del momento, sin hablar de negocios.

Es el tiempo de la credulidad extrema, al pensar que porque nos escuchan con atención, van a requerir nuestra asesoría. Confundimos muy fácilmente la decencia al oírnos, con la intención de compra. En ese momento, distinguir la línea que los separa, parece imposible.

Es también la era del "acoso": llamamos una y otra vez a quienes nos escucharon y desesperadamente pedimos una cita para concretar el negocio que creímos haber realizado.

Son tantas las etapas en las que, como Corredores de Seguros, nos hemos visto envueltos, que bien podríamos escribir mayor cantidad de líneas de las que la gente común pudiera soportar.

No obstante, esos pasos desagradables del comienzo, sirven de base para mejorar nuestras herramientas como negociadores.

Si no gateamos, el caminar sería un sueño irrealizable. Si no caminamos, el correr sería una utopía. De allí que, en el corretaje de seguros, como en la propia vida, sea imperativo el quemar períodos de los que siempre sacaremos cosas buenas.

Por eso, debemos agradecer nuestros años del comienzo. Cuando iniciamos un proyecto de negocios como filosofía de vida, que será tan grande y productivo como nosotros mismos lo determinemos.

La experiencia en la recolección de datos para potenciar la "Lista de Eventuales Asegurados" se hace más rica con el transcurrir del tiempo.

De los lapsos de inmadurez y locuacidad, quedan las respuestas de las personas que se incomodaron con nuestras ofertas irritantes adornadas de inmediatez para hacer una venta. Esa gente, rara vez será parte de nuestro listado del mes, sin embargo, será el ejemplo a recordar cada vez que se intuya que el camino del abordaje a un cliente no es el más adecuado.

Es obvio: crecemos y aprendemos de nuestros errores. Y será aun más productiva nuestra empresa, en tanto podamos reírnos del pasado equivocado que tuvimos en materia de negocios. Eso sí, esos embarazosos momentos, deben formar parte de nuestro diario quehacer laboral. Se obligan a estar instalados en nuestra mente como alarmas prestas a dispararse cada vez que transitemos cerca de la ruta que tanto esfuerzo y experiencia nos costó desechar.

Por estas razones es que no se puede hablar aisladamente de una "Cadena de Referidos" simple, sin esencia, sin compromiso, sin conocimientos, sin dirección, sin madurez.

Esa cadena de personas que nos recomiendan en el camino, debe ser tratada con respeto. Y ese respeto debe abarcar mucho más que el concepto en sí mismo. Implica estar en condiciones de prestar un servicio eficiente y oportuno. Debe estar impregnado de la paciencia para desmenuzar los problemas y hacerlos más fáciles para el beneficio de quienes nos benefician.

Hacer la cadena por hacerla, sin disciplina, sin coherencia y sin espíritu, jamás tendría sentido.

Sin duda alguna, la base inicial para construir una cartera de seguros, nace de nuestras propias condiciones como trabajadores capacitados y nuestra mística de servicio y deseos de superación.

Claramente, esos atributos se perderían en el vacío, si no existieran los clientes a quienes brindarle nuestros aprendizajes y nuestro proceso evolutivo dentro del ramo asegurador.

Quienes se inician, deben asumir el compromiso de aprender. Y mientras lo hacen, procuren siempre establecer conexiones con gente relacionada a los asegurados que se vayan incorporando a su sistema de trabajo. Algunos, seguramente, serán sus clientes. Otros, sencillamente no y eso es absolutamente normal.

De la manera en la que construyamos nuestra Cartera de Asegurados, dependerá nuestra permanencia en el tiempo dentro de los linderos de la profesión.

Apunta al Negocio Grande

Hablar, en el universo de los seguros, de un "negocio grande", pudiera significar muchas cosas: la realización económica que nos dará estabilidad casi de por vida; el reconocimiento de las empresas aseguradoras que verán en nuestro trabajo algo importante y conveniente para su salud administrativa; la tranquilidad para obtener, basados en la experiencia, otros contratos de seguros de similar o superior magnitud y en líneas generales, nos colocaría en una envidiable posición que actuaría como colofón a todos los esfuerzos realizados desde el primer día.

Pero eso es sólo hablar…

La llegada de un buen negocio (generalmente una póliza colectiva de cualquier ramo en una empresa privada o algún ente del estado), regularmente no aparece de la noche a la mañana. La historia registra muchos casos en los que no se ha precisado mucha experiencia en el ramo para que la suerte toque las puertas de los afortunados, pero no es porcentualmente generosa la estadística a favor de los recién iniciados.

Son numerosas las variables que se manejan detrás de la llegada de un buen plan de seguros. De esos de prima alta y, por ende, de abultadas comisiones.

El oficio a la hora de plantear un negocio, pudiera resultar tanto o más importante que el tener el contacto apropiado para llevarlo a cabo.

El Corredor llega a la oficina del cliente por cualquier vía, pero pudiera salir sin pena ni gloria de ese recinto si la manera y condiciones de la propuesta no complacen al eventual contratante.

¿Cuántos familiares o "amigos muy cercanos" han estado en capacidad de contratar grandes pólizas y con asombro vemos que no somos nosotros los encargados de administrarlas?... Créanme amigos lectores... muchos.

La amistad sin profundidad de conocimiento, rara vez convence en el universo regular de contratación. Jamás haremos mención a vías alternas en las que ciertos elementos de eficiencia y control son obviados en aras de la concreción del negocio.

En esencia, el manejo de un contrato de seguros con muchos bienes a riesgo, amerita soporte desde varios puntos de vista: logístico, estructural, técnico y en muchos casos, académico.

Sería casi un atrevimiento el pretender la conducción de una responsabilidad de esa naturaleza, si no se cuenta con el personal suficiente para dar respuesta a los requerimientos de tanta gente. Debe sectorizarse y determinarse la característica de los reclamos para que el respaldo y confianza depositada en el manejador de la póliza pueda hacerse presente.

Esa gente, debe contar con un área de trabajo cómoda y práctica. Está comprobado que el rendimiento del personal se optimiza en ambientes agradables y espaciosos.

Además de lo relacionado al sitio de labores, está la inversión necesaria en la plataforma tecnológica que permitirá rapidez, control y altos grados de eficiencia en los resultados.

No obstante, contar con todos estos elementos sin que los encargados de su utilización cuenten con la adecuada y particular preparación para el manejo científico e interpersonal de un negocio en gran escala, sería casi una sentencia de muerte en lo tocante a la duración de ese asegurado en nuestra cartera.

Claro que todos soñamos con el golpe empresarial que nos llevará a la cima de nuestra profesión. Ese sueño, más que un elemento onírico intrascendente, debería ser objeto de visualización y programación mental para un logro a mediano plazo.

Mientras visualizamos y preparamos nuestra estructura para crecer y desarrollarnos idóneamente, estamos llamando y construyendo, quizás sin saberlo a ciencia cierta, el espacio para ese momento importante de nuestras carreras.

El mundo asegurador, en países como Venezuela, suele ser "pequeño". Los ejecutivos de varios niveles, suelen rotar por las empresas del ramo a lo largo de nuestro desempeño. Por ello, no es raro encontrarse, luego de algún tiempo, a cualquier analista que solía trabajar con nosotros en el pasado.

Ese mismo analista, seguramente sabrá de nuestra manera de desenvolvernos en el medio y tendrá una radiografía casi exacta de que tan buenos o malos Corredores podemos ser.

Y esa es sólo una de tantas razones por la que debemos cuidar nuestra imagen profesional como carta de presentación.

La reputación, es una herramienta muy poderosa cuando es buena y una "espada de Damocles" cuando está dañada. De ella depende que nuestras solicitudes sean procesadas con confianza y seriedad y no con enfado y desconfianza en lo que deseamos asegurar.

Y viene esto último a colación por el sencillo hecho de que, en la misma medida en que manchemos nuestra seriedad como intermediarios de seguros, se reducirán las posibilidades de que a nuestro alrededor se generen mensajes positivos que nos conduzcan a la consecución de trabajos importantes en el ramo.

La competencia suele ser mucha y despiadada, y brindarle al "enemigo" la manera de sacarnos del juego, no es, desde ningún ángulo, una movida inteligente.

No se trata de "rechazar" el manejo de seguros de alta envergadura cuando nos llegan tan rápido. Se trata, en casos de inesperada y pronta llegada de la negociación, de procurar la manera para que ese manejo reciba algo más que la alegría de recibir un cheque y cobrar una comisión.

En los seguros, todo comienza donde la mayoría de las relaciones comerciales terminan...

Un vendedor de pantalones lo muestra, se cerciora de que le sirva, lo revisa y lo cobra. Una vez emitida la factura, la responsabilidad del pantalón y su cuidado posterior, es solo del comprador.

Una póliza, al margen del trámite que precedió a su contratación, comienza a ser responsabilidad del Corredor, justo cuando el cheque ingresa a la caja de la aseguradora. Y el trabajo debería ser solidario y responsable para que esa responsabilidad dure más de un año.

No siempre es conveniente una suscripción, por más beneficios económicos que se vean al principio. Y si no se está listo para asumir el reto, por alguna carencia de personal, espacio o conocimientos, quizás no sea ese el espacio temporal para llevarlo a cabo.

Si... claro que hay que apuntar al negocio grande. Ese es el sueño dorado de todo Corredor.

Algunos lo han tenido y, con esa "lógica ineluctable" del mundo asegurador, lo han disfrutado por el año o dos que la mayoría pasa bajo nuestras manos.

Otros no capitalizaron esa bonanza y se acostumbraron al derroche sin pensar en que ese estilo de vida se convierte en un monstruo insostenible si ese enorme dispensador de dinero no existe.

La mayoría aun espera por esa mañana en la que recibirá una llamada que propiciará el vuelco más grande de sus vidas.

Sólo que... mientras no llega, hay que comer y pagar las cuentas. Y los negocios pequeños, no deben ser descuidados nunca.

Depender de muchos es la mayor independencia...

Quizás resulte un tanto extraño, pero es así de simple...

Veamos: un Corredor tiene un enorme negocio en sus manos. Ese seguro precisa herramientas de manejo muy particulares: más personal para su atención; mayor inversión en el área de las Relaciones Públicas que faciliten el flujo de las relaciones comerciales; optimización de conocimientos para colaboradores, etc.

Para que esas herramientas caminen en la dirección correcta y se produzcan los resultados esperados, hace falta algo muy fácil de determinar: dinero...!

Mientras las arcas están llenas, todo transita maravillosamente... hasta que por algún motivo que en ocasiones no se relaciona con el Corredor o su forma de tratar la póliza, comienza a obstaculizarse la presencia del célebre "cash flow".

Alarmante sin duda lo que de un día hacia el otro, puede hacer la carencia de recursos en una empresa.

Muchos Corredores, gracias a sus habilidades, reservan lo necesario para garantizar pasivos laborales y cualquier contingencia que salga a flote en caso de que esa máquina de hacer dinero desaparezca. Ellos, readaptan su estilo de vida y le imprimen un ritmo distinto a la orientación de sus relaciones de trabajo.

Ellos, además de esa importante firma que los llenó de dinero, jamás apartaron de su vitrina aseguradora, el trofeo que constituyen las pólizas individuales y los colectivos de mediana o pequeña clase.

Ellos, obviamente sobrevivieron…

Sin embargo, cuando la gran empresa asegurada (bien sea privada o del estado) constituye casi el cien por ciento de la atención de la oficina y no se han generado ingresos por concepto de pólizas menos rentables, el "crack" del desarrollo profesional suele ser demoledor y de poca capacidad de recuperación.

Todos, o la inmensa mayoría, comenzamos con emisión de seguros de corte individual. Con el paso del tiempo, un buen número de esos asegurados se desarrolla y crece, y en razón a la relación comercial latente, nos brinda la posibilidad de ser el garante de la seguridad de su patrimonio desde la óptica aseguradora.

Mientras más prosperen nuestros clientes, mayor capacidad de emitir contratos de seguros tendremos y eso, siempre será una buena noticia.

El manejo de pólizas individuales, mientras más numerosas sean, más trabajo dan y eso es una verdad tan grande como un templo.

La llegada del seguro inmenso, tiende a encandilar nuestras percepciones del rendimiento del dinero. De allí que un solo recibo logre generar mil veces más ingresos que el resto de nuestra cartera de quinientos clientes. Punto.

Recuerdo una visita a la oficina de un Corredor y pude apreciar que no contaba con mucho espacio en sus archivos. Le comenté que de tantas carpetas, ya casi no cabían en la oficina y que debía optimizar todos mis espacios.

Su respuesta fue muy corta: "Yo no necesito tantas pólizas para ganar plata". Tomó un recibo que tenía a la mano en su escritorio y me dijo: "Aquí está la cobranza de todo un semestre...".

Logré verlo hasta con admiración, en razón al deseo que todos albergamos de que una buena póliza nos resuelva la vida.

Tiempo después, otro Corredor se encargó de manejar ese negocio y con asombro pude ver al que "no necesitaba tanto espacio" en condiciones complicadas a nivel de rendimiento económico.

Claramente no me alegré, pero si vino a mi memoria el consejo de otro veterano del ramo: "Mejor depender de muchos que de uno solo...".

Y de allí el título de este capítulo. Nada cobra mayor seriedad que esa afirmación cuando ves a quien tuvo solo una buena póliza y no se ocupó de gestionar las bases de su permanencia en el ambiente.

Con la definición muy clara de que el corretaje de seguros no es una carrera de velocidad, sino de resistencia (otro consejo que recibí algún día), me atrevo a afirmar que la "atomización" de una cartera es el mejor negocio del mundo.

Puedes contar con quinientos asegurados, y de un año a otro, algunos se irán, pero no en cantidades alarmantes que tiendan a desestabilizarte.

Generalmente, los que se van, dejan abierto el espacio (quien sabe por que razón del cosmos) para nuevos personajes que nutrirán tu cartera de clientes.

Eso ha sido así desde que me inicié, y no ha cambiado mucho.

Las razones de la partida de esos asegurados, formarán parte de otro capítulo. No obstante, queda demostrado que un solo trato grande no basta, a menos que, después de manejado, el rendimiento haya sido tal que ni merezca la pena seguir trabajando.

Si... hay que reconocer a quienes se esfuerzan por hacer del negocio individual, la tranquilidad de su vejez.

Del buen servicio depende todo

Cuando somos contratados para prestar un servicio, es nuestra obligación velar porque todo esté en el camino correcto, sobre todo en algo tan delicado como el manejo de cualquier póliza de seguros.

En la historia universal del corretaje, existen los intermediarios que sólo aparecen cuando el vencimiento de las pólizas está cerca.

Eso se agrava cuando en el transcurso del año, ese asegurado ha precisado de sus servicios y, sencillamente, no ha podido ni siquiera contactarlo.

No todo el mundo está al tanto de los detalles que vienen atados al recorrido de un contrato de seguros. La mayoría contacta al Corredor y no se preocupa por las "letras pequeñas", porque supone que cuenta con un asesor y no con un simple vendedor del producto.

Entre las atribuciones de quien se dedica a la profesión aseguradora, está la de estudiar el riesgo y determinar su viabilidad.

No todos los negocios son buenos o factibles y, en muchas ocasiones, nos empeñamos en no entenderlo.

Un contrato de seguros, si nace con mala suscripción, la alta factura traducida en rechazo de siniestros aparecerá en el camino tarde o temprano.

Por eso es que, advenedizos y tránsfugas del oficio, constituyen un grave perjuicio a la imagen de quienes hacemos nuestro trabajo con seriedad y dedicación.

La vocación de servicio, está distante en todos sus conceptos, de la necesidad de "ser servil". Algunos traspasan esas barreras y luego es demasiado tarde para enderezar los entuertos derivados de una relación viciada en materia comercial.

Debe el Corredor, hacer seguimiento constante a la evolución de los financiamientos y a la adaptación de sumas aseguradas a los dictámenes del mercado en el cual se desenvuelva.

Debe el Corredor, interceder cuando el hecho lo amerite, para obtener justas compensaciones para sus asegurados, siempre en el marco de las definiciones jurídicas básicas y específicas de una póliza determinada.

Debe el Corredor, ser honesto y sincero desde el inicio de la relación con sus clientes. Hablar claro, en ocasiones, pudiera significar la no materialización de un trato, sin embargo el costo en imagen, problemas y explicaciones pudiera ser mucho más alto que la comisión que percibiría.

Como parte de mi desempeño en el Corretaje de Seguros, y a título de conveniente complemento profesional, me he dedicado a impartir talleres y charlas relacionadas con la necesidad de optimizar la calidad de la Atención al Cliente.

En ellas trato de familiarizar a los asistentes con las técnicas y herramientas que pudieran emplear a la hora de incrementar sus niveles de empatía con los clientes, sea cual fuere la naturaleza de estos últimos.

Y un punto claro se desprende siempre de cada inducción: los clientes, en el mundo del seguro, se van en mayor porcentaje porque no se sienten bien atendidos. Somos los involucrados en el proceso de control de sus pólizas, quienes contribuimos en mayor grado para que busquen otras alternativas de respaldo y atención.

Dentro del esquema de brindar un adecuado servicio, la Actitud con todas sus implicaciones y variables; el Tiempo como elemento de dedicación y valiosa herramienta a ser custodiada por los responsables de llevar el negocio a puerto seguro; la Identificación de los inconvenientes y de las necesidades del asegurado; la definición de las Estrategias necesarias para concretar el trabajo;

la imperiosa Negociación que debe prevalecer como marco para evitar conflictos; el grado idóneo de Determinación para solventar situaciones complicadas y el gran cierre basado en la Ejecución de todo lo aprendido como punto de partida de una estable y eficiente relación de trabajo, marcan la pauta para que todo el proceso halle su vía expedita.

Sin la voluntad y compromiso de los Corredores en el aspecto del servicio eficiente, existirá siempre la brecha por la que podrán colarse otras ofertas, otros modos de ver la importancia de un asegurado y seguramente una manera más dinámica de intercambio en el rubro personal.

Lo anterior, es, sin lugar a dudas, una amenaza inmediata cuyo desenlace viene condimentado con reducción de nuestros ingresos.

Cómo manejarnos en las empresas de Seguros

En el escenario de las aseguradoras, el papel del intermediario está dotado de una importancia fácilmente explicable: es un generador de negocios y, por ende, uno de los contribuyentes más cercanos a la salud del flujo de caja de una empresa. Punto.

Hay varios tipos de Corredores: grandes, por su experiencia y niveles de prima en cartera; medianos, en proceso de crecimiento; y nuevos, que poco a poco van tomándole el pulso a la actividad.

Los "grandes", generalmente basan su relación dentro de una firma con las altas esferas del organigrama. La naturaleza de sus negocios, probablemente amerite un manejo particular y en algún grado, ajeno a las políticas tradicionales. Ello implica que constantemente se precisen decisiones rápidas que sólo pueden ser emanadas desde la autoridad de un alto ejecutivo.

Los "medianos", mezclan su actividad entre varios niveles de acción empresarial. No cuentan con negocios tan grandes que a diario requieran la participación de la cúpula gerencial de la empresa. Muy por el contrario, su desempeño ligado a altas emisiones de seguros individuales, oscila entre Gerentes y

Analistas, porque estos cuentan con la autoridad suficiente para la solución de la mayoría de sus problemas.

El "nuevo", en su necesidad de aprender, depende mucho de la ayuda y soporte que le brinden los departamentos de Comercialización o Producción. Están iniciándose y deben consultar cada paso que dan.

Estas "divisiones" no son, en forma alguna, discriminatorias, porque al final del día, un mediano puede pasar a ser grande y un grande, a pesar de su trayectoria, pudiera convertirse en pequeño de la noche a la mañana.

El punto está en que, muchos piensan en su cualidad de "indispensables" y eso los convierte en elementos con los que muy pocos quisieran tratar.

Registra la historia, rica en ejemplos y anécdotas de todo tipo, un sin fin de Corredores que, apalancados en su producción en gran nivel, atentan contra quienes no le solucionan de manera inmediata un requerimiento. Humana y laboralmente, siempre será un error tal comportamiento. La "noria" de la vida, pudiera ubicarlos sin darse cuenta en una incómoda posición ante aquellos que alguna vez se sintieron maltratados por los otrora "millonarios y poderosos".

Si hay algo de lo que he disfrutado en mi carrera dentro del mundo de los seguros, es de la sana competencia entre los colegas que me han acompañado en el tiempo.

No recuerdo episodios de directa confrontación por la obtención de un negocio específico. Por el contrario, he sentido el respaldo y apoyo de muchos compañeros, prestos siempre a compartir conocimientos y suministrar vías de salida a un problema con alguna póliza.

Desde esa óptica del buen trato, es que debemos ingresar a nuestros recintos de trabajo.

Todos los que están detrás de un escritorio, cuentan con la experiencia necesaria (en un alto porcentaje de los casos) como para sacarnos de un atolladero

Todos ellos seguramente estudiaron o lo están haciendo y nada justifica que sean depositarios de maltratos o discriminaciones injustificadas.

Parte de las charlas de inducción a las que hice mención en capítulos anteriores, guardan relación estrecha con el "factor paciencia" que deberíamos atesorar siempre.

En mi caso, debo confesar que nunca la paciencia fue una de mis herramientas de uso diario, pero la vida siempre se encarga de mostrarnos nuestros errores y he tratado, con esfuerzo y voluntad, de hacer que aparezca en las situaciones de contrariedad con las que nos topamos.

Claro que somos importantes para el crecimiento de las aseguradoras. Muchas nos llaman, hasta sin conocernos, para que comencemos a trabajar en conjunto. Si no fuésemos útiles, sencillamente no nos tomarían en cuenta.

Sin embargo, ese convencimiento de que algunas firmas marchan al ritmo de su fuerza de ventas, pudiera obnubilar el pensamiento y convertirlo en un filoso y peligroso cuchillo presto siempre a rozar nuestras gargantas.

Nada más agradable que el "buenos días" o el "por favor" como tarjeta de presentación, en lugar del "apúrate porque si yo no pago pólizas, tu no cobras el sueldo…"

Nada más impresionante que el respeto, la educación y el buen humor para salir de la oscuridad de un siniestro que nos enreda el día, porque si… hay percances de nuestros asegurados que en ocasiones nos quita el sueño.

Hay que transmitir la idea y la percepción de que, como Corredores, somos los principales clientes de las aseguradoras. Y si el trato no es cónsono con nuestras expectativas, tendremos que utilizar los canales dispuestos por las organizaciones para solucionarlo.

Firmeza, seriedad en los planteamientos y autoridad en las solicitudes de atención, no deben jamás ser malentendidas por el cuerpo de trabajadores de las empresas.

El Corredor también siente la presión del entorno; del cliente; del stress de las grandes ciudades, y sufre por igual la "catastrófica realidad" de que el día sólo tiene veinticuatro horas.

Si... hay que manejarse con altitud, rectitud y respeto. Sólo así nos verán "grandes" a todos...

Algunos "Tips" de gran utilidad

- Vista adecuadamente: esto no implica inversiones desproporcionadas en su guardarropa. Usted proyecta una imagen de seriedad, solvencia y pulcritud. No desentone. Utilice los códigos de vestimenta comunes en lugar en el cual se desenvuelve normalmente. Informalidad extrema cuando todos están trajeados, pudiera ubicarlo en un ángulo de percepción inconveniente.

- No utilice perfumes muy fuertes: hay personas sensibles a los olores exagerados o muy cargados y si a esa persona necesita plantearle una intención de negocios, no contará con la atención deseada porque pudiera hasta dificultarle la capacidad de respirar normalmente.

- No emplee tonos de voz muy altos ni muy bajos: si grita, seguramente su interlocutor pensará que se extralimita en su exposición. A nadie le agradan los regaños. Si habla muy bajo, la percepción podría ser de inseguridad. Algo claramente contraindicado en su deseo de cerrar un trato.

- Prepárese: maneje variables, ejemplos palpables y situaciones viables. Su interlocutor, si está preparado, pudiera realizar preguntas que pongan en tela de juicio sus conocimientos en la materia.

- Apague su teléfono celular: las llamadas que atienda mientras plantea un negocio, no reflejan que es usted alguien ocupado. Por el contrario, genera reacción adversa en su potencial cliente, que requiere en esta fase de su total atención.

- Actualícese: en la medida de lo posible. Disponga de herramientas que permitan hacer presentaciones rápidas y dinámicas.

- Invierta en elementos de identificación: tarjetas de presentación, carpetas y papelería con su nombre. Las propuestas entregadas en carpetas comunes sin sus datos no arrojan una percepción de solvencia.

- Enfóquese en su planteamiento: no desvíe su discurso hacia negocios ya hechos como elemento de captar admiración o impresionar. Esa persona, también ha hecho negocios y no se los está refiriendo en ese momento.

- Emplee lenguaje idóneo: elimine el coloquio y las malas palabras, a menos que sea una persona de su absoluta confianza. De resto, manéjese en términos de negocio, sin exagerar con términos técnicos. Use solo los necesarios.

- Exponga, explique y cerciórese de que fue entendido.

- Emplee tono amable. Evite excesos de confianza al dirigirse a su eventual asegurado.

- Escúchelo sin interrumpirlo. También querrá expresarse y necesita transmitirle datos para que se construyan las coberturas necesarias.

- No trate de obtener una respuesta inmediata. Presionar es altamente contraproducente en materia de seguros.

- Evite las muletillas al hablar: o sea; verdad; ¿me explico?; ¿me entiendes?, etc. Suelen dar mala impresión.

- Intercambie datos después de la exposición y sugiera un lapso prudencial para volver a contactarlo.

- No prolongue innecesariamente la reunión. Si terminó y está satisfecho con su exposición, retírese amablemente.

- No proyecte jamás la intención de alguna irregularidad administrativa.

- Hable con honestidad sobre las coberturas y las exclusiones. Eso evitará muchos inconvenientes en el futuro.

Consideraciones Finales

Siempre he pensado que todos debemos aportar algo al campo en el que nos desenvolvemos.

Después de todo, no somos eternos y nuevas generaciones vendrán a ocuparse de los negocios que hoy día nos toca manejar.

Si en algo se ha contribuido con estas páginas, claramente podré darme por satisfecho.

Ojala y puedan leerlas muchos más.

Fueron hechas con mucho afecto y cariño por una profesión a la que le debo mucho y en la que no aprecio mucho movimiento literario.

Una obra, grande, pequeña, extensa, corta, humilde, buena o mala, primero debe ser leída para posteriormente ser juzgada.

Ya usted la leyó, y le agradezco por haberlo hecho.

Emita su juicio con toda confianza. Es el derecho de todo lector que gentilmente se tomó al menos una hora de su tiempo para digerir esta publicación.

Permita, si es posible, que otro tenga la posibilidad de hacerlo para que, como usted, se forme una opinión.

Gracias, desde el fondo de mi corazón…

Caracas, Venezuela

2015

71

www.ingramcontent.com/pod-product-compliance
Lightning Source LLC
Chambersburg PA
CBHW070931180526
45168CB00003B/1030